El Arte de Convencer

Dominar la persuasión en la era digital

Una breve introducción

¿Conoces esa sensación cuando lees un mensaje que simplemente te golpea y te hace querer actuar de inmediato?

¡Sí, ese es el poder de la persuasión! Aprenderás todas las técnicas y trucos para provocar esa misma reacción en las personas con tus palabras.

No creas que esto es algo de otro mundo, no. ¡Nada de eso! Te mostraré cómo usar las palabras correctas, crear oraciones impactantes y estructurar tus mensajes de una manera irresistible.

Queremos que realmente se conecte con su público objetivo. Eso es lo que marcará la diferencia a la hora de convencerlos de que actúen.

En el corazón de esta estrategia está el poder de las técnicas de persuasión en la escritura.

Una pregunta curiosa...

¿Sabes cuál es la habilidad más valiosa del mundo?

Simple: la capacidad de vender.

No solo productos y servicios,sino ideas, conceptos y creencias.

Tal vez lo sepa o no, pero el poder recae en aquellos que son persuasivos, y eso es cierto para todos los negocios en todos los países del mundo.

Es importante que tenga una forma de convencer a la gente (su jefe, colegas, clientes, inversionistas, etc.) de que sus ideas (y su trabajo) valen la pena.

He identificado algunos secretos clave de venta a lo largo de los años: algunos trucos del oficio. Y eso es exactamente lo que voy a compartir con ustedes ahora: los cimientos detrás de cada gran pieza de ventas.

Yo las llamo LAS TRES REGLAS FUNDAMENTALES DE LA

VENTA y son…

#1. A la gente no le gusta la idea de que están siendo vendidos.

#2. La gente compra cosas por razones emocionales, no racionales.

#3. Una vez que se compran, las personas deben justificar sus decisiones emocionales con lógica.

Vamos ver a **regla 1**: A la gente no le gusta que le vendan. Al principio, esto no tiene sentido. Cada año, se compran y venden billones de dólares en bienes y servicios... miles de millones solo a través de la oficina de correos. Piensa en tus amigos. A muchos de ellos, sin duda, les encanta ir de compras.

A la gente le gusta comprar cosas, pero no les gusta que les vendan. Recuerda esto. Ya sea que esté escribiendo una carta de ventas o tratando de convencer a su amigo para que vaya a un concierto, no lo presione. Ofrecer para dar algo. No lo fuerces, pruébalo.

Digamos que quieres que tu amigo te compre un trozo de pastel de chocolate. No empezarías enumerando las 10 razones por las que el pastel es bueno para él, ¿verdad? Es claro que no.

En la vida real, si realmente quisieras que un amigo te comprara un pedazo de pastel, probablemente comenzarías describiendo qué tan bien huele el pastel, qué tan húmedo está, cuánto glaseado tiene y cómo se derretirá. tu boca. En otras palabras, crearías una imagen verbal que desencadene tus antojos: tu hambre, tu deseo de chocolate. Lo tentarías apelando a sus emociones. No lo aburrirías con razones ni lo obligarías.

Entiende este primer principio y tendrás gente comiendo de tu mano.

Regla #2 Golpea donde duele: la gente compra cosas por razones emocionales, no racionales.

Si la gente actuara racionalmente, no podrías vender pastel de chocolate. No hay una razón lógica para comerlo. No es nutritivo. Engordante. Mata el metabolismo. Y es caro

Entonces, ¿por qué el pastel de chocolate es una industria multimillonaria? ¡Porque te hace sentir bien!

Para ser persuasivo, debe concentrarse en los sentimientos y deseos de su prospecto.

Vea siete importantes: el miedo, la codicia, la vanidad, la lujuria, el orgullo, la envidia y la pereza.

Regla #3: Tan pronto como el prospecto ya haya comprado emocionalmente, necesita justificar su decisión irracional con razones racionales.

Ahora, estás listo para entender qué es la redacción publicitaria.

Redacción

No hay forma de hablar de persuasión en la era digital sin mencionar el famoso Copywriting (o copy). Este es uno de los elementos más esenciales del marketing.

Es el arte y la ciencia de comunicar estratégicamente palabras (ya sean escritas o habladas) que hacen que las personas actúen.

Nada es más persuasivo que alguien que sabe cómo usar las palabras. Si se usan bien, son capaces de hacer que alguien tome una decisión instantánea. ¡Esa es la verdadera Redacción!

¿Cómo surgió la redacción publicitaria?

Si crees que el Copywriting surgió en estos días, estás equivocado. La primera vez que se utilizó la palabra "copiar" fue en el siglo XIX, en el año 1828.

Noah Webster, un diccionario estadounidense, definió la copia como "una creación autoral para ser imitada, tanto por escrito como impresa".

Pero la definición cayó en desuso durante años y solo reapareció en 1870, cuando comenzó a describir a los profesionales que redactaban anuncios, diferenciándose de los copywriters tradicionales.

Durante el siglo XIX y durante todo el siglo XX, la escritura persuasiva de los redactores publicitarios se utilizó principalmente en la redacción publicitaria.

El avance de internet y el crecimiento del Marketing Digital hizo que el Copywriting adoptara una identidad particular, reformulada y alejada de la publicidad.

El lío que hicieron con la publicidad

Cuéntame algo, ¿qué es para ti la publicidad?

¿Es algo para ser considerado como obra o como obra de arte?

¿Son eslóganes ingeniosos o prosa divertida?

¿Es trabajo ser juzgado para un premio o reconocimiento?

Ya estoy avanzando, no es ninguna de las opciones anteriores.

La publicidad es un vendedor multiplicado.

Nada más.

Y la publicidad escrita, o copywriting, es un arte de vender ya sea en papel o digital.

El propósito del trabajo de un redactor es vender. Punto final.

La venta se hace persuadiendo con la palabra escrita, de la misma forma que se vende un comercial de televisión (*si se hace correctamente por supuesto*), persuasión con efectos visuales y de audio.

Como escribió Claude Hopkins en su clásico atemporal, Scientific Advertising:

"Para comprender correctamente la publicidad, o incluso para aprender los rudimentos de la misma, uno debe comenzar con la percepción correcta.

La publicidad es el arte de vender. Sus principios son los principios del arte de vender. Los éxitos y fracasos en ambas líneas se deben a causas similares.

Por lo tanto, cada pregunta publicitaria debe ser respondida según los estándares del vendedor.

Hagamos hincapié en este punto. El único propósito de la publicidad es hacer ventas.

No pretende dar una impresión general. No es poner tu nombre delante de la gente. No está hecho principalmente para ayudar a los vendedores. Trátala como a una vendedora. Se justifica a sí mismo.

Compáralo con otros vendedores.

Registre sus costos y resultados.

No aceptes excusas porque los buenos vendedores no las inventen. Y así no estarás muy equivocado.

La publicidad es un vendedor multiplicado. Puede atraer a miles, mientras que un vendedor solo habla con una persona. Este es un costo correspondiente.

Algunas personas gastan un promedio de $10 por palabra en un anuncio. Por lo tanto, todos los anuncios deben ser un súper vendedor.

El error de un vendedor puede costar poco. El error de un anunciante puede costar mil veces más. Por lo tanto, sea más cauteloso y más exigente. Un vendedor mediocre puede afectar una pequeña parte de su negocio. La publicidad mediocre afecta a todo su negocio.

¡Estos puntos son tan ciertos hoy como lo eran cuando fueron escritos hace casi cien años!

Entonces, el objetivo se convierte en: ¿cómo podemos hacer que nuestra publicidad sea lo más efectiva posible?

La respuesta es probar. Prueba de nuevo. Y luego probar un poco más.

Si el anuncio "A" obtiene una tasa de respuesta del dos por ciento y el anuncio "B" obtiene una tasa de respuesta del tres por ciento, entonces podemos deducir que el anuncio "B" continuará superando al anuncio "A".

Pero las pruebas toman tiempo y pueden ser costosas si no se controlan. Por lo tanto, es ideal comenzar con algunos anuncios probados, ideas probadas y probadas y trabajar a partir de ahí.

Por ejemplo, si las pruebas han demostrado durante décadas o más que la publicidad dirigida supera significativamente a la publicidad no dirigida, entonces podemos comenzar con esa suposición y trabajar desde allí.

Si sabemos por los resultados de las pruebas que hacer un anuncio que se dirija directamente a un individuo funciona mejor que hacerlo frente a las masas, entonces tiene poco sentido comenzar a probar con la suposición de que no es así.

Esto es sentido común.

Por lo tanto, es razonable conocer algunas reglas o técnicas básicas sobre la escritura efectiva. Los resultados de las pruebas siempre serán la carta de triunfo, pero es mejor tener un punto de partida antes de la prueba.

Así que este punto de partida es la esencia de este libro. Los consejos, expresados aquí, generalmente han sido probados con el tiempo y se sabe que son efectivos.

Pero no puedo enfatizar lo suficiente que al usar estas técnicas, siempre debe probarlas antes de lanzar una campaña grande y costosa.

A veces, un pequeño cambio aquí o allá es todo lo que se necesita para aumentar drásticamente las tasas de respuesta.

Y con eso, sigamos........

enfócate en ellos

y no en ti

Cuando un prospecto lee su anuncio, publicación, carta, etc., lo único que se preguntará desde el principio es: "¿Qué hay para mí?"

Y si su copia no le dice nada, terminará en la basura más rápido de lo que puede leer el titular.

Muchos anunciantes cometen este error. Se centran en ellos como empresa.

Cuánto tiempo han estado abiertos, quiénes son sus principales clientes, quién tiene diez años de investigación y millones de dólares en desarrollo de productos, bla, bla. De hecho, estos puntos son importantes.

Pero deben expresarse de una manera que interese a su prospecto. Recuerde, una vez que el anuncio se tira a la papelera, ¡la venta se pierde!

Al escribir sus textos, es útil pensar en ellos como una carta escrita a un viejo amigo. De hecho, a menudo me imagino a un amigo mío que encaja mejor con el perfil de mis prospectos. ¿Qué diría para convencer a mi amigo de probar mi producto?

¿Cómo puedo enfocarme en las objeciones y creencias de mi amigo para que me ayuden?

Cuando le escribas a un amigo, usarás los pronombres "yo" y "tú". Cuando trates de convencer a tu amigo, podrías decir: "Oye, sé que crees que has probado todos los dispositivos que existen. Pero debes saber que...".

Y esto va más allá de escribir en segunda persona. Es decir, trata a tus prospectos como "tú" en tus textos. El hecho es que hay muchos anuncios exitosos que no están escritos en segunda persona.

Algunos están escritos en perspectiva de primera persona donde el escritor usa "yo". Otras veces, se usa la tercera persona, como "ella", "él" y "ellos".

E incluso si escribes en segunda persona, no significa necesariamente que tu copy sea sobre ellos.

Por ejemplo:

"Siendo un agente de bienes raíces, puede consolarse con el hecho de que he vendido más de 10,000 casas y he dominado los trucos del oficio".

Aunque estás escribiendo en segunda persona, todavía te estás enfocando en ti mismo.

Entonces, ¿cómo puedes enfocarte en ellos?

Me alegro de que hayas preguntado.

Una forma es...

Etapas de Conciencia del Consumidor

El nivel de conocimiento aquí básicamente significa si el prospecto conoce tu producto o si sabe que existe una solución para su problema.

Saber exactamente dónde está determinará el tipo de contenido que escribas.

Descubrir esto puede aumentar las conversiones 2X o más.

El legendario redactor publicitario Gene Schwartz dio la siguiente regla:

Si el cliente potencial ya está familiarizado con el producto y sabe que puede ayudarlo, el título debe comenzar con el producto.

Si tu avatar no conoce tu producto pero tiene un deseo, lideras con ese deseo.

Finalmente, si el prospecto no sabe realmente lo que necesita pero solo tiene un problema general, comienza con el problema y escribe una copia para que el prospecto se dé cuenta de que necesita tu solución.

Esos son los básicos. Gene presentó 5 niveles de conocimiento del cliente que explican este concepto con más detalle, y eso es lo que voy a abordar ahora.

Así que sus 5 niveles de conocimiento del cliente son:

Nivel 1: es el cliente más atento: esta persona sabe lo que quiere, confía en ti y cuando le ofreces algo nuevo, hay muchas posibilidades de que lo compre. Estos clientes son lo que todo vendedor quiere. Por ejemplo, piense en marcas que tienen seguidores como Nike y Apple. El consumidor conoce la marca y quiere el producto, no hay esfuerzo en el momento de la venta.

Nivel 2: conocimiento del producto. Estas personas aún no confían en usted: saben que les está vendiendo algo que quieren, pero no están seguros de que sea adecuado para ellos. Como todavía no confían en usted, leen reseñas, miran testimonios e intentan determinar si su producto puede hacer lo que usted dice que puede hacer. Con prospectos como estos, el objetivo de su copia debe ser tranquilizarlos de inmediato. Estas dos primeras categorías, por cierto, son las más fáciles de vender. A medida que tu avatar se vuelve menos consciente, tienes un trabajo más difícil por delante.

Muy bien, el siguiente nivel de conocimiento del cliente es el conocimiento de la solución.

Nivel 3 - Estas son personas que tienen un problema, saben que hay una solución para él, pero no conocen su producto y los resultados que pueden obtener con él. Con prospectos como estos, desea que sepan que comprende sus deseos y que su producto los ayudará a alcanzarlos.

A medida que avanzamos en la conciencia, comenzamos a llegar a aquellos prospectos que realmente pueden ayudar a que su negocio crezca.

Entonces, el siguiente tipo de conciencia del cliente es la conciencia del problema.

Nivel 4: es alguien que está preocupado: siente que tiene un problema, pero no sabe que hay una solución para él. Con este tipo de cliente, desea que su cliente potencial le muestre que comprende su frustración y ansiedad.

Finalmente, está el cliente completamente inconsciente.

Nivel 5: estas personas son difíciles de vender para ellos. No se dan cuenta de que tienen un problema, no saben nada sobre su marca y ni siquiera saben que hay una solución para lo que están experimentando. Con este tipo de persona, tendrás que idear una oferta poderosa y extremadamente irresistible. Debes presentar tu oferta como si fuera un dibujo, donde la gente pueda ver todos los detalles, incluso ver los colores, el olor, el sabor y la textura de lo que estás ofreciendo.

Comprender y adaptarse a los diferentes niveles de conciencia del consumidor es fundamental para construir una estrategia de marketing efectiva.

Al ajustar su mensaje, enfoque y tácticas de acuerdo con la etapa en la que se encuentra el consumidor, puede aumentar las posibilidades de participación, conversión y lealtad.

Al tener en cuenta los 5 niveles de conocimiento del consumidor, estará mejor preparado para satisfacer las necesidades de su público objetivo, establecer una conexión significativa y construir relaciones duraderas.

Profundice su conocimiento sobre el comportamiento del consumidor, investigue y pruebe sus estrategias y esté siempre dispuesto a adaptarse a los cambios y demandas del mercado. De esa manera, estará bien encaminado hacia el éxito en sus iniciativas de marketing y ventas.

Además, recuerde que los consumidores pueden hacer la transición entre diferentes niveles de conciencia a lo largo del tiempo.

Pueden comenzar en el nivel de la inconsciencia y, a través de la información y las interacciones, progresar a las siguientes etapas.

Por lo tanto, es esencial vigilar de cerca el comportamiento de su público objetivo, para que pueda ajustar su estrategia según sea necesario.

Otro punto importante a considerar es la importancia de una comunicación clara y consistente en cada etapa de la conciencia.

Ya sea a través de contenido educativo, narraciones, testimonios o demostraciones de productos, es esencial transmitir su mensaje de manera efectiva y relevante.

Al hacer esto, estará fomentando la confianza del consumidor y creando una conexión emocional con su marca.

Cómo potenciar los beneficios

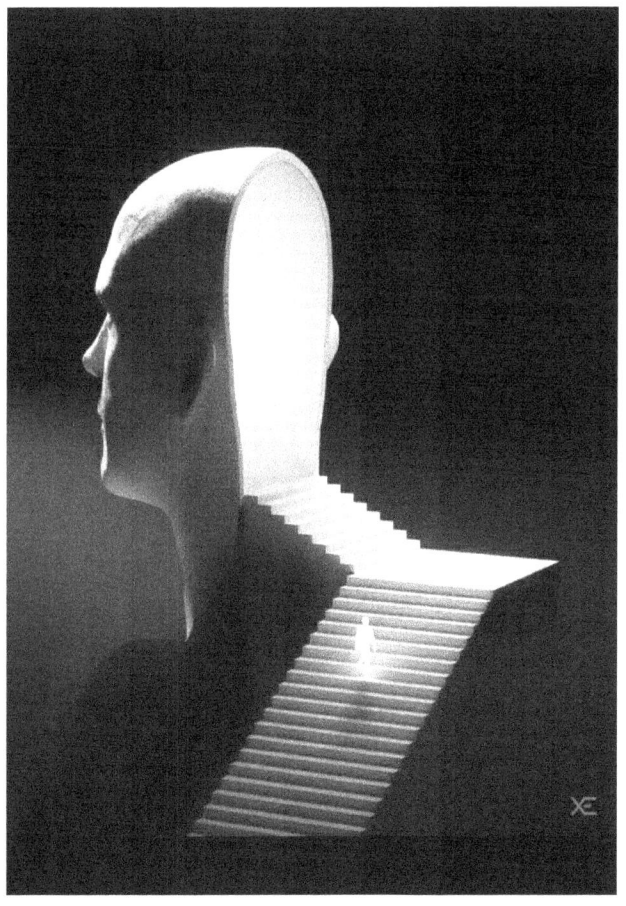

Y el qué son las caracteristicas?

Son descripciones de las cualidades que tiene un producto.

• El auto XYZ hace 55 kilómetros por litro en la ciudad

• El marco está hecho de acero liviano y duradero.

• Nuestro pegamento está protegido por una patente.

• Esta base de datos cuenta con un sistema interno de búsqueda de datos.

Pero, ¿cuáles son los beneficios?

Bueno, son lo que significan los resultados para sus prospectos.

• Ahorrará dinero en gasolina y reducirá los contaminantes ambientales cuando use nuestro automóvil híbrido de alto rendimiento y ahorro de energía. Además, sentirás la potencia adicional cuando pases a otros autos, gracias al eficiente motor eléctrico, ¡que ellos no tienen!

• El marco de aleación de acero liviano y duradero significa que podrá tomarlo con facilidad y usarlo en lugares a los que otras escaleras no pueden llegar, mientras soporta hasta 800 libras. Sin dolor de espalda al arrastrar una escalera pesada. Y como durará 150 años, ¡nunca más necesitarás comprar otra escalera!

• El pegamento patentado garantiza que pueda usarlo en madera, plástico, cerámica, metal, vidrio y azulejos... sin limpiezas complicadas y sin volver a pegar, ¡garantizado!

• Puede obtener instantáneamente el "panorama general" oculto en sus dados y sacar las estadísticas más arcanas cuando lo desee.

¡Observe cómo su negocio avanza "180" rápidamente ya que instantáneamente sabe qué está fallando!

Todo se hace con nuestro sistema de búsqueda de datos, que es tan fácil de usar que mi hijo de doce años lo usó con éxito tan pronto como comenzó a usarlo.

Creé estos ejemplos, pero creo que entiendes lo que quiero decir.

NOTA: No estás escribiendo para impresionar a tu profesor de portugués o ganar un premio.

El único premio que quiere ganar es que su texto venda y supere su mejor anuncio anterior, mientras tiene cierta libertad en la gramática, la puntuación y la estructura de las oraciones. ¡Quieres que se lea y actúe en consecuencia, no que se lea y se admire!

Pero volvamos a los beneficios...

Si estuviera vendiendo un reloj caro, ¿no le diría a su lector que la caja del reloj tiene 5 pulgadas de diámetro y la correa está hecha de cuero?

Debe mostrarle cómo la pantalla extra grande le indicará la hora de un vistazo. ¡Oh sí!

No quiere tener que buscar la hora en el reloj y quedar como un tonto frente a todos los que lo rodean tratando de leer este magnífico reloj.

¿Y qué hay de la forma en que proyecta el éxito y el carisma cuando usa el reloj de oro con su hermosa correa de cuero hecha a mano?

Qué irresistible lo encontrará su amada cuando esté bien vestido para salir, con su reloj puesto. O cómo el estatus y la belleza del reloj atraerán a las damas.

Por cierto, ¿te diste cuenta que hice hincapié en que ver bien es un beneficio?

¿Te parece un beneficio tonto?

No si está vendiendo a los baby boomers que sufren de problemas de visión.

Probablemente odien cuando alguien a quien intentan impresionar los ve entrecerrar los ojos e intentar leer algo.

Se trata de tus deseos internos, eso es lo que necesitas descubrir. Y que incluso ellos podrían no saberlo.

Eso es... hasta que les muestres una mejor manera.

El punto aquí es abordar los beneficios del producto, no sus características. Y cuando haces eso, te estás enfocando en tu lector y sus intereses, sus deseos.

El truco es resaltar los beneficios específicos que presionan los botones emocionales de su lector.

¿Cómo lo haces?

¡Voy a mostrar!

La gran idea y la regla del uno

Siempre que el tema es la redacción de textos publicitarios, el concepto de "Gran Idea" pasa a primer plano. David Ogilvy habla de él y de varios otros autores como Michael Masterson y John Forde, autores del libro Great Leads también.

El concepto es bastante simple, pero mucha gente lo entiende mal.

Básicamente, la Gran Idea, o Regla del Uno, propone que tu texto se centre en una sola acción, una promesa, una idea que debe ser objetiva y sin "accesorios".

Pondré algunos ejemplos aquí para que compares y entiendas la diferencia de la Gran Idea.

Ejemplos sin la gran idea:

Listas (161 nuevas formas de conquistar el corazón de un hombre…);

Plurales Genéricos (Los Crímenes Que Cometemos Contra Nuestros Estómagos)

Ejemplos con la Gran Idea:

Específico (El secreto para gustarle a la gente);

Dirigida (A hombres que quieren dejar de fumar algún día);

Impacto (¿La vida de un niño vale $1 para usted?).

A pesar de ser ejemplos algo atractivos (extraídos del libro Great Leads), la diferencia entre la Gran Idea en estos títulos es clara, ¿no?

¿Puedes decir cuál es el punto focal de los dos primeros ejemplos? Es difícil de decir, ya que son bastante completos y desenfocados.

Sin embargo, los ejemplos que usan el marco de la Gran Idea están mucho más enfocados.

Por lo tanto, podemos decir con seguridad sobre el tema que introducen, incluso si no tenemos conocimiento sobre el producto al que están vinculados.

Así que ten muy claro cuál es tu Gran Idea. Para ello, se debe trabajar con la siguiente estructura:

Una buena idea: mostrar los beneficios o ventajas del producto/solución que vende;

una emoción central: crear una conexión con el lector, provocando compromiso desde el refuerzo emocional para que lo racional siga progresando en el texto;

una historia cautivadora: Refuerza la emoción central. Suele ser un caso, un episodio o trae datos y números que prueban tu oferta (producto/servicio);

Un beneficio único y deseable: consolida la ventaja (beneficio) que tu producto o servicio ofrece al lector;

Una respuesta inevitable: señala el camino que debe seguir tu lector para llegar al beneficio del que hablas.

Todo esto es para que podamos sustentar el título a partir de una introducción (llamada, en este contexto, lead) que debe utilizar la técnica correcta, dependiendo del nivel de conocimiento del lector.

Esta técnica puede ser una historia, una predicción, una declaración, una promesa, etc.).

Independientemente de cuál utilice, es importante que su única gran idea esté respaldada por una emoción igualmente única, a fin de dirigir al lector a la acción deseada.

Pulsando botones emocionales

Aquí es donde la investigación realmente vale la pena. Porque, para pulsar los botones, primero hay que saber qué son.

Mire esta historia y entenderá lo que quiero decir: Érase una vez, un joven entró en cierta concesionaria Chevrolet para ver un Chevy Camaro.

Tenía dinero y estaba listo para tomar una decisión de compra. Pero no podía decidir si quería comprar el Camaro o el Ford Mustang de camino al concesionario Ford.

Un vendedor se le acercó y pronto descubrió el dilema del hombre.

"Dígame qué es lo que más le gusta del Camaro", dijo el vendedor.

"Es un auto rápido. Me gusta su velocidad".

Después de una discusión, el vendedor se enteró de que el hombre había comenzado a salir con una animadora universitaria.

Entonces, ¿qué hizo el vendedor?

Simple. Cambió su tono y presionó los botones emocionales de esa manera, porque sabía que ayudaría a impulsar la venta.

¡Le dijo al hombre que su nueva novia quedaría impresionada cuando llegara a casa en este auto!

Puso la imagen mental en la mente del hombre de que él y su novia viajaban a la playa en el Camaro.

Y qué celosos se pondrían todos sus amigos cuando lo vieran conduciendo con una linda chica en un lindo auto.

Y de repente el hombre tuvo la visión. Él entendió. Y el vendedor vio esto y trabajó en este punto. ¡Y antes de que te des cuenta, el hombre escribe un buen cheque para el concesionario Chevrolet!

El vendedor encontró los botones emocionales y los presionó como nunca antes hasta que el hombre se dio cuenta de que quería el Camaro más que su dinero.

Sé lo que estás pensando... el hombre dijo que le gustaba el coche porque era rápido, ¿no?

Sí, eso fue todo. Pero subconscientemente, lo que realmente quería era un automóvil que impresionara a su novia, a sus amigos y, en su mente, ¡que les gustara aún más! En su mente, equipara la velocidad con la emoción.

No porque quisiera una cantidad interminable de multas por exceso de velocidad, sino porque pensó que la emoción lo haría más atractivo y más agradable.

Quizás el hombre ni siquiera se dio cuenta de este hecho. Pero el vendedor se dio cuenta. Y sabía qué botones emocionales tenía que presionar para conseguir la venta.

Ahora, ¿por qué la investigación vale la pena?

Bueno, un buen vendedor sabe cómo hacer las preguntas que le dirán qué botones presionar rápidamente. Cuando escribe una copia de ventas, no tiene ese lujo.

Por lo tanto, por esta misma razón, es muy importante conocer los deseos, necesidades y deseos de sus clientes con anticipación.

Si no ha hecho su tarea, su prospecto decidirá que prefiere quedarse con su dinero antes que comprar su producto.

¡Recuerde, la redacción publicitaria es el vendedor en papel o digital!

Se ha dicho muchas veces: a la gente no le gusta que le vendan.

Pero les gusta ir de compras.

Y compran ante todo en base a la emoción.

Luego justifican su decisión con lógica, incluso después de que ya hayan sido vendidos emocionalmente. Así que asegúrese de respaldar su discurso emocional con lógica para nutrir la justificación al final.

Y ya que estamos en el tema, hablemos un poco sobre la exageración de la página de ventas. Muchos especialistas en marketing "conservadores" han decidido que no les gusta la exageración, porque consideran que la exageración es "anticuado", ya lo han hecho, y creen que los clientes no caerán en la trampa, ya no es creíble.

Lo que deben entender es que no son las exageraciones en sí mismas las que no se venden bien.

Algunos redactores menos experimentados a menudo intentan compensar su falta de investigación o no comprender completamente su mercado objetivo o su propio producto agregando toneladas de adjetivos, adverbios y signos de exclamación y mucha negrita.

¡En realidad! Si haces tu trabajo, esto no es necesario.

Eso no quiere decir que algunos adverbios o adjetivos no tengan su lugar... solo si se usan con moderación, y solo si avanzan hacia la venta.

Creo que estaría de acuerdo en que respaldar sus textos con evidencia y credibilidad irá mucho más allá para convencer a sus clientes potenciales que usar solo "palabras poderosas".

Digo palabras poderosas porque se ha demostrado que ciertos adjetivos y adverbios marcan la diferencia cuando se incluyen.

Esto en sí mismo no es una exageración. Pero repetidos demasiadas veces, se vuelven menos efectivos.

Lo que nos lleva a nuestro siguiente consejo...

Siempre habrá objeciones.

Las objeciones son barreras psicológicas que surgen en la mente de los consumidores, generando resistencia a las ofertas presentadas.

Comprender las objeciones y poder superarlas es esencial para aumentar la tasa de conversión e impulsar el éxito de las campañas de marketing.

La naturaleza de las objeciones

Es importante reconocer que las objeciones son una respuesta defensiva natural de los consumidores. En un mercado cada vez más saturado y con un gran volumen de información, los consumidores son cada vez más cautelosos en relación a sus decisiones de compra.

Comprar un producto o servicio es visto como una inversión, y es natural que las personas tengan dudas e inquietudes antes de comprometerse con él.

Identificación de las objeciones

Para eludir las objeciones, es esencial identificarlas de forma clara y precisa.

Al analizar las interacciones con su público objetivo, ya sea a través de encuestas, comentarios o análisis de datos, es posible identificar las principales preocupaciones y resistencias que tienen los consumidores en relación con sus ofertas. Esto le permite comprender la razón subyacente detrás de estas objeciones y encontrar formas efectivas de superarlas.

Abordar las objeciones

Al abordar las objeciones, es crucial transmitir confianza y proporcionar información relevante que alivie las preocupaciones del público.

Romper objeciones implica proporcionar argumentos sólidos y persuasivos que demuestren el valor y los beneficios de su oferta, respetando las preocupaciones legítimas de los consumidores.

Una estrategia eficaz para superar las objeciones es anticiparse a ellas. Al desarrollar su contenido de marketing, ya sea en anuncios, correos electrónicos o páginas de ventas, puede anticipar las objeciones más comunes y abordarlas de manera proactiva. Esto implica brindar información que contrarreste las preocupaciones incluso antes de que surjan en la mente de los consumidores.

Al responder a las objeciones, es importante utilizar un enfoque empático y personalizado.

Demuestre que comprende las preocupaciones de su público objetivo y proporcione información clara y relevante que las disipe.

Utilice ejemplos reales, testimonios de clientes satisfechos y estudios de casos para demostrar cómo su oferta supera las objeciones y satisface las necesidades de los consumidores.

Otra estrategia efectiva es ofrecer garantías y beneficios extra que reduzcan el riesgo percibido por el consumidor.

Ofrecer una garantía de satisfacción, un período de prueba gratuito o un bono exclusivo puede ayudar a tranquilizar a los consumidores y alentarlos a superar sus objeciones y tomar la acción deseada.

Además, crear un sentido de urgencia también puede ser eficaz para derribar las objeciones. Al ofrecer promociones por tiempo limitado o resaltar la disponibilidad limitada de productos o servicios, crea una sensación de urgencia que motiva a los consumidores a tomar medidas. Este sentimiento de escasez puede ser un factor determinante para superar las objeciones, ya que los consumidores temen perder la oportunidad si no actúan de inmediato.

Es fundamental resaltar los diferenciadores competitivos de su producto o servicio al abordar las objeciones. Muestre cómo se destaca de la competencia y ofrece soluciones únicas a los problemas y necesidades de su público objetivo. Al resaltar las fortalezas de su oferta, está brindando razones claras para que los consumidores superen sus objeciones y elijan su marca.

La transparencia es clave para romper las objeciones. Sea honesto acerca de las limitaciones o desafíos de su oferta, pero también destaque los beneficios y las soluciones que brinda. La honestidad genera confianza y credibilidad, elementos clave para superar las objeciones de los consumidores.

Es importante enfatizar que romper objeciones no se trata de manipulación o persuasión agresiva. El objetivo es proporcionar información relevante, responder preguntas legítimas y ayudar a los consumidores a tomar decisiones informadas. El enfoque debe estar en construir relaciones a largo plazo y brindar valor a los clientes, en lugar de solo perseguir una venta rápida.

Al identificar las objeciones más comunes, anticiparlas y abordarlas con empatía y persuasión, estará bien encaminado para ganarse la confianza de su público objetivo y motivarlos a tomar medidas.

Finalmente, esté siempre dispuesto a escuchar los comentarios de los consumidores y adapte sus estrategias de acuerdo con sus necesidades e inquietudes. Perfeccionar constantemente sus técnicas para romper objeciones lo ayudará a destacarse en el mercado, ganarse la confianza del consumidor y lograr resultados positivos y duraderos.

Incorporación de evidencia y credibilidad

Cuando su cliente potencial lea su anuncio, querrá asegurarse de que crea todas las afirmaciones que hace sobre su producto o servicio. Porque si hay alguna duda en su mente, no muerde, no importa cuán dulce sea el trato.

De hecho, la mentalidad de "demasiado bueno para ser verdad" prácticamente garantizará tener una venta perdida... incluso si todo es cierto.

Entonces, ¿qué puede hacer para aumentar la credibilidad percibida?

Porque después de todo, es la percepción lo que necesitas resolver.

Pero, por supuesto, también debe asegurarse de que su texto sea preciso y veraz.

Aquí hay algunos métodos probados y verdaderos que ayudarán:

• Si está tratando con sus clientes existentes que ya saben que cumple lo que promete, enfatice esa confianza. No dejes que se den cuenta. Haz que se detengan, asienten con la cabeza y di: "Sí. La compañía ABC nunca me ha hecho mal antes. Puedo confiar en ellos".

• Incluya testimonios de clientes satisfechos. No olvide poner el nombre completo y el lugar donde sea posible. Recuerde, "José" es mucho menos convincente que "Armando Soares, Río De Janeiro, Brasil". También puedes incluir una foto del cliente y/o un título profesional, que es aún mejor. No importa si sus testimonios no son de alguien famoso o si su prospecto no conoce personalmente a estas personas.

Si tiene testimonios lo suficientemente convincentes y creíbles, está haciendo un trabajo mucho mejor que no incluirlos.

• Dale vida a tus textos con hechos y hallazgos de investigación para respaldar tus afirmaciones. Asegúrese de todas las fuentes de información, incluso si el hecho es de conocimiento común, ya que una fuente neutral no otorga mucha credibilidad.

• En cartas de oferta directa o ciertos anuncios donde los textos tienen la forma de una carta de un individuo específico, es útil incluir una foto de esa persona.

Pero a diferencia de las cartas "tradicionales" de la industria de bienes raíces y otros anuncios similares, colocaría la foto al final de la carta, cerca de su firma, o en el medio de la copia, en lugar de en la parte superior porque resta valor a su título. .

Y... si su carta de ventas es de un individuo específico, asegúrese de incluir sus credenciales que lo establezcan como un experto en su campo (relacionado con su producto o servicio, por supuesto).

• Si corresponde, cite cualquier premio o revisión de terceros que haya recibido el producto o servicio de terceros.

• Si ha vendido muchos productos, dígaselo. Es el viejo adagio "10 millones de personas no pueden estar equivocadas" (esos 10 millones podrían estar equivocados, pero su prospecto probablemente estará de su lado).

• ¡Incluya una política de devoluciones y déjela clara! Es solo una buena política de negocios. A menudo, ofrecer una garantía de devolución de dinero doble para ciertos productos dará como resultado mayores ganancias.

Sí, obtendrá más reembolsos, pero si vende tres veces más productos que antes y solo tiene que reembolsar el doble que antes, podría valer la pena, según su oferta y el retorno de la inversión.

Cruje los números y vea qué tiene sentido. Lo más importante, prueba! Hágales pensar: "¡Guau, no serían tan generosos con las devoluciones si no es lo que prometen sobre su producto!"

• Si puede agregar el respaldo de una celebridad, ayuda a establecer la credibilidad. Vaya, si Pele recomienda tu producto y respalda lo que prometes, ¡debe ser cierto! .

• Cuando tenga sentido, utilice testimonios de terceros. ¿Qué son los testimonios de terceros? Estos son algunos ejemplos de algunos sitios web que escribí cuando aún no tenía muchos testimonios de clientes.

"Spyware, sin duda, ha visto un aumento exponencial en los últimos seis meses".

- Alfred Huger, director de ingeniería, Symantec Security Response (fabricante del software de seguridad de Norton)

"Simplemente haga clic en un banner y podrá instalar spyware".

- Dave Methvin, director de tecnología, PC Pitstop

Un método de implementación es "engañar a los usuarios para que den su consentimiento para descargar el software que creen que necesitan".

- Paul Bryan, Director de la Unidad de Seguridad y Tecnología de Microsoft.

¿Viste lo que hice?

Usé citas de expertos en sus respectivos campos y les di la vuelta para mis propósitos.

Pero asegúrese de obtener su consentimiento o permiso del titular de los derechos de autor, si hay alguna necesidad de utilizar materiales protegidos por derechos de autor, pregunte sobre su fuente.

Tenga en cuenta que también presioné un botón emocional: el miedo.

Se ha comprobado que las personas generalmente hacen más para evitar el dolor que para obtener placer.

Entonces, ¿por qué no usar este dato de información a su favor?

• Revelar un defecto en su producto. Esto ayuda a aliviar el síndrome de "demasiado bueno para ser verdad".

Revelar una falla que no es realmente una falla. O revele un defecto menor, solo para mostrar que está siendo abierto sobre las deficiencias de su producto.

ejemplo:

"Probablemente estés pensando en este momento que esta raqueta de tenis es un milagro, y lo es. Pero tengo que decirte que tiene un pequeño defecto.

Mi raqueta tarda unas 2 semanas en acostumbrarse.

De hecho, una vez que empieces a usarlo, tu juego irá cuesta abajo. Pero si continúa usándolo, verá una gran mejora en sus servicios, juego en la red, etc.

Hay una tendencia a pensar, con todos los anuncios con los que nos bombardean estos días, que cada anunciante siempre muestra solo lo mejor. Y creo que esa línea de razonamiento está abierta.

Pero, ¿no es refrescante cuando alguien se destaca entre la multitud y es honesto? En otras palabras, el lector inconscientemente comenzará a creer que estás revelando todos los defectos.

• Use "Notas de elogio" Estas breves notas son de una persona con autoridad. No necesariamente de una celebridad, aunque eso también puede agregar credibilidad.

Una persona de autoridad es alguien reconocido en su campo (que está relacionado con su producto) y que está calificado para hablar. Las notas elogiadas se pueden distribuir como insertos, en una página separada o incluso como parte del texto. Como siempre, prueba!

• Si está limitando la oferta con una fecha límite que finaliza en una fecha determinada, asegúrese de que la fecha límite sea real y no cambie. Los plazos que cambian todos los días reducen la credibilidad.

El prospecto sospechará "si la fecha límite sigue cambiando, no está diciendo la verdad... Me pregunto sobre qué más no está diciendo la verdad".

• Evite el "exceso". Infundado que discutí en mi sugerencia anterior. Basta de charla.

La propuesta de valor única

El PUV es a menudo uno de los elementos más incomprendidos de una buena carta de ventas.

Es lo que separa su producto o servicio de sus competidores. Echemos un vistazo rápido a algunas propuestas de venta únicas para un producto;

1) Precio más bajo: si tiene su negocio en el área de precios bajos, presumítalo. Wal-Mart ha hecho famoso este PUV últimamente, pero no es nuevo para ellos.

Vender más barato existe desde que existe el capitalismo. No me gustan las guerras de precios, porque alguien puede venir y vender más barato.

Así que es hora de una nueva estrategia.

2) Calidad superior: si supera el rendimiento del producto de la competencia o está fabricado con materiales de alta calidad, es una buena apuesta que utilice este hecho a su favor.

Por ejemplo, compare su producto con el de sus competidores. Desde un empaque superior hasta ingredientes saludables, la calidad es evidente. Puede costar un poco más que su competidor, pero para su mercado, vende.

3) Servicio: si ofrece un servicio superior al de su competencia, la gente le comprará. Esto es especialmente cierto en ciertos mercados que están muy relacionados con los servicios: larga distancia, proveedores de servicios de Internet, televisión por cable, etc.

4) Derechos exclusivos: ¡mi favorito! Si puede afirmar legítimamente que su producto está protegido por una patente o derechos de autor, un acuerdo de licencia, etc., entonces

tiene un derecho exclusivo como ganador. Si tienes una patente, hasta el presidente te la tiene que comprar.

Bien, ¿no es su producto o servicio diferente al de su competencia? No estoy de acuerdo, porque siempre hay diferencias. El truco es convertirlos en una ventaja positiva. Entonces, ¿qué podemos hacer con este escenario?

Una forma es presentar algo que su empresa haya desarrollado internamente y que ninguna otra empresa haga.

Mire, hay una razón por la que la tienda de computadoras "A" ofrece superar los precios de sus competidores por el mismo producto en X.

Si observa detenidamente, los dos paquetes nunca son exactamente iguales. La empresa "B" ofrece un escáner gratis, mientras que la empresa "A" ofrece una impresora. O alguna otra diferencia. Están comparando manzanas con naranjas. Entonces, a menos que encuentre una compañía con exactamente el mismo paquete (no lo hará... ellos estudiaron eso), no podrá ganar la promoción.

Pero, ¿qué pasa si en realidad tienes el mismo dispositivo a la venta que el chico de enfrente?

A menos que su prospecto conozca el funcionamiento interno de su producto y el de su competidor, incluido el proceso de fabricación, el servicio al cliente y todo lo demás, entonces tiene el potencial de obtener licencia para un poco de creatividad. Pero debes ser cierto.

Por ejemplo, si les digo a mis lectores que mi producto está bañado en vapor para garantizar la pureza y la limpieza (como las latas y botellas en la mayoría de los procesos de elaboración de la cerveza), no importa que la cerveza de Joe al otro lado de la calle haga lo mismo.

El hecho de que John no anuncie este hecho hace que sea suproducto único a los ojos de tu prospecto.

¿Quieres más ejemplos de PUV?

• Somos el único taller de reparación de automóviles que comprará su automóvil si no está 100 por ciento satisfecho con nuestro trabajo.
• ¡Entregado en 30 minutos o por nuestra cuenta!
• Ninguna empresa de muebles pagará su envío.
• ¡Nuestra receta es tan secreta que solo tres personas en el mundo la conocen!

Como con la mayoría de las formas de aumentar la respuesta, la investigación es clave con su UVP. A veces, su PUV es obvio, por ejemplo, cuando tiene una patente. Otras veces, debe hacer un poco de trabajo de investigación para descubrirlo (o darle forma para su mercado objetivo).

Aquí es donde un poco de persistencia realmente vale la pena.

Déjame darte un ejemplo para ilustrar lo que quiero decir: Supongamos que su empresa vende puffs para niños. Así que usted, siendo el sabio comercializador que es, decide vender las bocanadas a los prospectos antes de escribir su copia de ventas.

Después de haber dado una veintena de argumentos de venta diferentes para su producto, descubre que el 75 por ciento de las personas con las que habló preguntaron si las bocanadas eventualmente se filtrarían.

Dado que las bocanadas son para niños, es lógico que a los padres les preocupe que sus hijos salten sobre ellas, rueden sobre ellas y hagan todo lo posible para romper la costura y desinflar la bocanada.

Por lo tanto, cuando escriba su copia, asegúrese de abordar esta pregunta: "Puede estar seguro de que nuestros pufs súper fuertes tienen triple costura, por lo que se garantiza un rendimiento a prueba de fugas. Ninguna otra compañía hará esto". !

EL MECANISMO ÚNICO

Este es el punto más importante de tu marketing y quizás de tu vida. Si lo domina, lo más probable es que nunca más tenga que preocuparse por la competencia.

¿Alguna vez te has parado a pensar cuántos productos similares al tuyo existen? ¿Cuántas personas con habilidades similares a las tuyas están caminando?

¿Cuál será el secreto, entonces, para que unas pocas personas y productos destaquen? La respuesta es: el mecanismo único.

Sí, es un mecanismo. No es un punto, no es una frase, sino un esquema operativo capaz de llevar la solución al otro, de la forma más sencilla, eficaz y diferente a todo lo que se haya visto.

Para ejemplificar, veamos algo muy común... las sartenes.

Pero, ¿qué tienen que ver las sartenes con mi negocio?

¡TODO!

Puedes encontrar sartenes por R$ 40,00. Sin embargo, muchas personas ya han tenido la tentación de comprar la sartén Polishop (si no lo han hecho ya)... esa que cuesta más de R$ 200,00 y la ves en la televisión. Si aún no la has visto, te recomiendo que la veas.

Ah, y no, no destaca porque sale en la tele. Después de todo, ignoras cientos de otros comerciales...

Este es solo un claro ejemplo. Pero cada gran empresa que he visto hasta la fecha tiene un mecanismo único para sus productos y servicios, incluso si no lo ve tan claramente como lo ve Polishop. Todas las personas que consiguen los mejores puestos en las empresas se venden con un mecanismo único.

Por eso, si quieres destacar para escapar de la lucha por los precios y despertar el deseo de los demás, responde 3 preguntas:

- ¿Por qué mi producto/servicio resuelve los problemas de las personas?

- ¿Cómo lleva mi producto/servicio a las personas al éxito que ven?

- ¿Qué diferencia mi producto/servicio de todo lo que existe?

Créeme, funciona desde mercados con poca competencia hasta los más disputados. Por cierto, es totalmente ético, si trabajas solo con la verdad.

Yo mismo ya he creado decenas de mecanismos para el sector de la pérdida de peso, por ejemplo, que hoy en día es un sector extremadamente competitivo, además de muy delicado porque estamos hablando de salud.

La clave del mecanismo es SABER que eres ÚNICO (todos lo somos, por mucho que algunos intenten decir que somos reemplazables) y resaltar tus fortalezas.

TITULAR

Si va a hacer un solo cambio para aumentar su tasa de respuesta, concéntrese en su título (*tienes uno, no?*).

¿Por qué? Porque habrá cinco veces más personas leyendo tu título que tu texto. Sencillamente, un título... es un anuncio para su anuncio.

Las personas no detendrán sus ocupadas vidas para leer tu texto a menos que les des una buena razón para hacerlo.

Así, un buen título promete alguna novedad y un beneficio.

Tal vez estés pensando, "¿Qué pasa con las noticias?"

Piense en la última vez que "navegó" a través de su periódico local.

Revisó los artículos uno por uno y, de vez en cuando, un anuncio podría haber llamado su atención. ¿Qué anuncios tenían más probabilidades de llamar su atención?

Los que parecían un artículo, por supuesto.
Aquellos con un título que promete novedades.

Aquellos con tipos de letra que se parecían mucho a los tipos de letra utilizados en los artículos.

Los que se colocaron donde se colocaron los artículos (en lugar de colocarse en una página llena de anuncios, por ejemplo).

Y aquellos con los titulares más convincentes que te convenzan de que valen unos minutos para leer el texto.

Por lo tanto, el título es poderoso e importante.

He visto muchos anuncios a lo largo de los años que ni siquiera tienen un título. Y eso es tonto. Es el equivalente a desperdiciar un buen dinero gastado en publicidad.

¿Por qué? Porque su respuesta puede aumentar dramáticamente, no agregando un título, sino haciendo que ese título sea casi irresistible para su público objetivo.

Y esas tres últimas palabras son importantes. "Tu público objetivo".

Por ejemplo. Echa un vistazo al siguiente título:

Anunciamos... Nuevos guantes de última generación que protegen contra desechos peligrosos.

Noticias y un beneficio

¿El título atrae a todos?

No, y no te importa en absoluto.

Pero para las personas que manejan desechos peligrosos, definitivamente estarán felices de conocer esta pequeña joya.

Este es su público objetivo y es su trabajo hacer que lean su anuncio. Su título es la manera de hacer esto.

Bien, ahora, ¿dónde encuentras los grandes titulares?

Observa otros anuncios exitosos (especialmente de respuesta directa) que han resistido la prueba del tiempo. Miras los anuncios usados regularmente en revistas y otras publicaciones. ¿Cómo sabes que son buenos?

Porque si no hicieran su trabajo, el anunciante no seguiría colocándolos una y otra vez.

Te registras en la lista de grandes empresas de respuesta directa y guardas los correos electrónicos.

¿Lees revistas sobre celebridades?

Las revistas de celebridades tienen algunos de los mejores titulares.

Elija un número reciente y verá lo que quiero decir. Bien, ahora, ¿cómo puedes adaptar algunos de estos titulares para tu propio servicio o producto?

La apariencia de su título también es muy importante. Asegúrese de que el tipo de letra utilizado sea negrita y grande, y diferente del tipo utilizado en el texto. Por lo general, los títulos más largos tienden a tener un mejor rendimiento que los más cortos, incluso cuando se dirigen a prospectos más "conservadores".

De esta forma, utiliza los títulos exitosos de otras personas, pero los adapta a su propio producto o servicio. Nunca copie un título (o cualquier otro escrito) palabra por palabra. Los redactores publicitarios y las agencias de publicidad son conocidos por perseguir el plagio. Y con todo el derecho.

Cuando más dices,

Más venderás

El debate sobre el uso de texto largoversus Los textos cortos parecen no tener fin.

Por lo general, es un recién llegado al mundo de la redacción que parece pensar que los textos largos son aburridos. Dicen que "nunca leería tantos textos".

El hecho es que, en igualdad de condiciones, la copia larga siempre superará a la copia corta, y cuando digo copia larga, no me refiero a una copia larga y aburrida, o una copia larga no dirigida.

La persona que dice que nunca leería todo el texto está cometiendo un gran error en la redacción: está siguiendo su reacción visceral en lugar de confiar en los resultados de las pruebas. Ella está pensando que él mismo es el prospecto. Y ella no lo es. Nunca somos nuestros propios prospectos.
Ha habido muchos estudios y pruebas sobre textos largos versus textos cortos. Y el ganador es siempre texto largo. Pero

estoy hablando de texto largo y relevante en lugar de texto largo aburrido y no dirigido.

Algunas investigaciones significativas han encontrado que las lecturas tienden a disminuir drásticamente después de 300 palabras, pero no de nuevo hasta alrededor de 3000 palabras.

Si estoy vendiendo un juego de palos de golf caros y envío mi mensaje de texto extenso a una persona que juega al golf de vez en cuando o que siempre ha querido probar el golf, estoy enviando mi argumento de venta al prospecto equivocado.

No es un objetivo efectivo. Entonces, si una persona que recibe mi texto largo no lee más de 300 palabras, no es elegible para mi oferta.

No importaría si leen hasta la palabra 100 o 10,000. No harían la compra de ninguna manera.

Sin embargo, si envío mi texto a un ávido golfista, que recientemente compró otros productos de golf caros por correo, pintando una oferta irresistible, diciéndole cómo mejorará su juego en 10 golpes, probablemente leerá cada palabra. Y si he dirigido mi mensaje correctamente, comprará.

Recuerda, si tu prospecto está a 3000 kilómetros de distancia, no es fácil para él hacer una pregunta. Si quieres tener éxito, debes anticiparte y responder a todas sus preguntas y superar todas las objeciones en tu texto.

Y asegúrese de no arrojar todo lo que pueda pensar en el texto. Solo necesitas incluir tanta información como necesites para hacer la venta... y ni una palabra más.

Si se necesitan 10 páginas de texto, que así sea. Si se necesita un megalog de 16 páginas, bien. Pero si en las pruebas 10 páginas se venden mejor que el megalog de 16 páginas, entonces vaya con el ganador.

¿Significa eso que todos los prospectos deben leer cada palabra de su copia antes de ordenar su producto? Claro que no.

Algunos leerán cada palabra y luego regresarán y la volverán a leer.

Algunos leerán el título y continuarán, omitiendo la mayor parte del cuerpo y aterrizando al final. Algunos escanearán todo el cuerpo, luego regresarán y lo leerán. Todos esos prospectos podrían terminar comprando la oferta, pero podrían tener diferentes estilos de lectura.

Y eso nos lleva al siguiente consejo.

Escribe escaneable

me encantan los formatosescaneable, vea el ejemplo a continuación:

De repente

Si te cuento una historia

en este formato

Sin información precisa

Pero con una alta carga emocional...

tal vez te conmuevas

¿Por qué la historia es tan vaga?

¡Qué te pudo haber pasado!

Pero esto

pases de mano

de un texto

Hecho para manipular tus emociones

diciendo mucho

Sin decir nada.

Su diseño es muy importante en el texto de ventas, porque desea que su texto se vea atractivo y refrescante a la vista. En resumen, desea que su prospecto deje de hacer lo que está haciendo y lea su copia.

Si ve texto con márgenes pequeños, sin sangrías, sin interrupciones en el texto, sin espacios en blanco y sin subtítulos...

Si ve una página con palabras apretadas, ¿crees que tendrá la tentación de leerla?

Si tiene espacios en blanco con márgenes amplios y generosos, oraciones cortas, párrafos cortos, subtítulos y una palabra en cursiva o subrayada aquí y allá para enfatizar, seguramente estará interesado en leer.

Al leer su texto, algunos prospectos comenzarán desde el principio y lo leerán palabra por palabra. Algunos leerán el título y quizás el subtítulo, luego leerán el "PD" al final del texto y verán de quién es el texto, y luego comenzarán desde el principio.

Algunas personas escanearán el texto, observarán los diversos subtítulos colocados estratégicamente por usted a lo largo de su texto y luego decidirán si vale la pena leerlo todo. Es posible que algunos nunca lean el texto completo, pero compran de todos modos.

Debes escribirles a todos. Texto largo, interesante y atractivo para el lector orientado a los detalles, y párrafos y oraciones breves, espacios en blanco y subtítulos para puentes.

Los subtítulos son los títulos más pequeños dispersos a lo largo del texto.

Cuando esté en el proceso de crear un título, algunos de los títulos que no son lo suficientemente buenos serán buenos como subtítulos. Un subtítulo obliga a su prospecto a seguir leyendo, cautivándolo desde el principio hasta el final de todo su texto.

El marco que puede salvarlo del bloqueo del escritor

Existe una estructura bien conocida para las páginas de ventas exitosas, descrita por el acrónimo AIDA.

AIDA representa:

• Atención
• Interés
• Deseo
• Acción

Primero, capturas la atención de tu prospecto. Esto se hace con su título. Si el anuncio no logra captar la atención de su prospecto, falla por completo. Su prospecto no lee su copia estrella y no solicita su producto o servicio.

Entonces construyes un fuerte interés en tu prospecto. Quiere que siga leyendo porque si sigue leyendo, podría comprar.

A continuación, canalizas un deseo. Tener un público objetivo para esto es clave porque no estás tratando de crear un antojo en alguien que no lo hace. Desea capitalizar un deseo existente que su prospecto puede o no saber que ya tiene. Y desea que su prospecto desee la experiencia que ofrece su producto o servicio.

Finalmente, presentas una llamada a la acción. Quiere que conteste el teléfono, devuelva la carta de respuesta, vea la presentación de ventas, ordene su producto o lo que sea.

Debe solicitar la venta (o una respuesta, si ese es el objetivo). No querrás andarte por las ramas en este punto. Si su carta y la estructura de AIDA son sólidas y convincentes, aquí es donde establece los términos de su oferta y desea que el prospecto actúe ahora.

Mucho se ha escrito sobre la redacción de la fórmula AIDA. Y me gustaría agregar una letra más al acrónimo: S de Satisfacer Al final, después de realizar la venta, desea satisfacer a su prospecto, que ahora es un cliente.

Tienes que entregar exactamente lo que prometiste (o incluso más), en los plazos que prometiste, de la manera que prometiste.

En resumen, quieres darle todas las razones del mundo para que confíe en ti la próxima vez que le hagas una nueva oferta.

Y, por supuesto, desea que no le devuelva el producto (aunque si lo hace, debe hacer cumplir su política de devolución como prometió).

De cualquier manera, usted quiere que sus clientes estén contentos. Te harán ganar mucho más dinero a largo plazo.

Aprenda a plantear una urgencia

Cuando limita la oferta de un producto o servicio de alguna manera (es decir, venta limitada), la economía básica dicta que la demanda aumentará.

En otras palabras, las personas generalmente responden mejor a una oferta si creen que la oferta no estará disponible o estará restringida de alguna manera.

Y, por supuesto, lo contrario también es cierto. Si un prospecto sabe que el producto estará disponible cuando lo necesite, no hay necesidad de actuar ahora.

Y cuando su prospecto hace a un lado su anuncio, las posibilidades de cerrar la venta se reducen considerablemente.

Así que su trabajo es conseguir que sus clientes compren, y compren ahora. Usar la escasez para vender es una excelente manera de lograr esto.

Existen básicamente tres tipos de limitaciones:

1 - Limitar la cantidad

2 - Limita el tiempo

3 - Limitar a oferta

En el primer método, limitando la cantidad, estás presentando un número fijo de productos disponibles para la venta. Cuando se han ido, se acabó.

Algunas buenas maneras de limitar la cantidad incluyen:

• Hacer solo una cierta cantidad de unidades

• La venta de existencias antiguas para dar cabida a las nuevas

• Número limitado de artículos con defectos estéticos

• Solo se venderá una cantidad de productos para no saturar el mercado.

• Etc.

En el segundo método, acotando el tiempo, se añade el plazo a la oferta. Debe ser una fecha límite realista, no una que cambie todo el tiempo (especialmente en un sitio, donde la fecha límite parece estar cerca de la medianoche... cuando regresa al día siguiente, la fecha límite ha cambiado misteriosamente a ese día). Cambiar los plazos disminuye su credibilidad.

Este enfoque funciona bien cuando la oferta o el precio cambiarán, o el producto/servicio dejará de estar disponible después de la fecha de finalización.

El tercer método, limitar la oferta, se logra limitando otras partes de la oferta, como la garantía, las bonificaciones o premios, el precio, etc.

Al utilizar la venta limitada, debe asegurarse de cumplir con las restricciones. Si dice que solo tiene 500 artículos para vender, entonces no venda 501. Si dice que su oferta vencerá a fin de mes, asegúrese de que así sea.

De lo contrario, su credibilidad se reducirá. Los prospectos recordarán la próxima vez que arrojes otra oferta en sus manos.

Otra cosa importante que debe hacer es explicar por qué se restringe la oferta. No se limite a decir que el precio subirá en tres semanas, pero explique por qué subirá.

Estos son algunos ejemplos de ventas limitadas:

"Desafortunadamente, solo puedo manejar un número limitado de clientes. Una vez que mi tiempo esté lleno, no podré asumir ningún otro negocio.

Entonces, si realmente quiere mejorar sus estrategias de inversión y crear más riqueza que nunca, debe comunicarse conmigo lo antes posible. "

"Recuerde: debe actuar antes del [fecha] a medianoche para obtener mis 2 bonos.

Estos bonos fueron ofrecidos por [compañía de terceros], y no tenemos control sobre su disponibilidad después de este período. "

Solo tenemos 750 de estos artículos de nuestro proveedor. Una vez que se agoten, no podremos conseguir más hasta el próximo año.

E incluso entonces no podemos garantizar que el precio seguirá siendo el mismo. De hecho, debido al aumento de la demanda, ¡es muy probable que el precio se duplique o triplique para entonces! "

Recuerde lo que dije antes, las personas compran en función de las emociones y luego toman su decisión de compra con lógica. Bueno, usando la venta limitada, la restricción se convierte en parte de la lógica de comprar y comprar ahora.

Ya sea que se dé cuenta o no, ahora sabe más sobre cómo crear publicidad efectiva que la mayoría de sus competidores.

¿Quieres demostrarlo?

Pregúnteles acerca de cualquiera de las ideas que discutimos. En respuesta, es probable que obtenga respuestas incorrectas y miradas en blanco.

Eso se debe a que la mayoría de sus competidores están demasiado ocupados administrando sus negocios para detenerse y aprenda cómo hacerlos más exitosos. Te felicito por hacerlo.

De hecho, los consejos, trucos, técnicas y principios poco

conocidos que he compartido

contigo aquí son lo mismo que un consultor de marketing

o agencia de publicidad usaría si los contratara por mucho

dinero. No hay ninguna razón por la que no pueda usarlos y

obtener las mejores recompensas.

Conclusión

El buen copywriting se hace, no nace.

Se deriva de resultados probados de pruebas diseñados para hacer una cosa y hacerlo bien: Vender.

La publicidad efectiva no siempre es "gramaticalmente correcta".

Ella usa oraciones cortas y fragmentos.

Convéncelos de comprar, y compra ahora. Punto final.

Habla de beneficios, no de características. Vender la emoción en el anuncio y reforzar la decisión de compra con lógica.

¡Pinta una imagen convincente y presenta una oferta irresistible que obligue a tu prospecto a tomar acción y tomar acción ahora! Y si no es así, entonces no tiene ningún interés en el anuncio.

La persuasión efectiva es como su mejor vendedor que sigue batiendo récords de todas sus ventas durante el año, ¡multiplicadas por miles o millones!

Imagina que ese vendedor, el de resultados probados, se pudiera multiplicar tantas veces como quieras.

¡Eso es marketing efectivo!

Este es el tipo comprobado de marketing que necesita usar.

Le deseo grandes resultados en el futuro.

www.ingramcontent.com/pod-product-compliance
Lightning Source LLC
Chambersburg PA
CBHW070651220526
45466CB00001B/396

*9 7 9 8 3 9 7 5 6 9 0 1 9 *